PIANO · VOCAL · GUITAR

Jonas Brothers

ISBN 13: 978-1-4234-5391-8
ISBN 10: 1-4234-5391-3

HAL•LEONARD®
CORPORATION

7777 W. BLUEMOUND RD. P.O. BOX 13819 MILWAUKEE, WI 53213

Visit Hal Leonard Online at
www.halleonard.com

S.O.S.

Words and Music by
NICHOLAS JONAS

sit - u - a - tions, emp - ty ___ con - ver - sa - tions.

Em   C   G

Ooh, ___ this is an S. O. ___ S. ___ Don't wan-na sec-ond - guess. ___ This is the

D5   Em   C

bot - tom line, ___ it's true. I gave my all for ___ you; ___ now my

G   D5   Am

heart's in ___ two, ___ and I can't find the oth-er half. ___ It's like I'm

D.S. al Coda

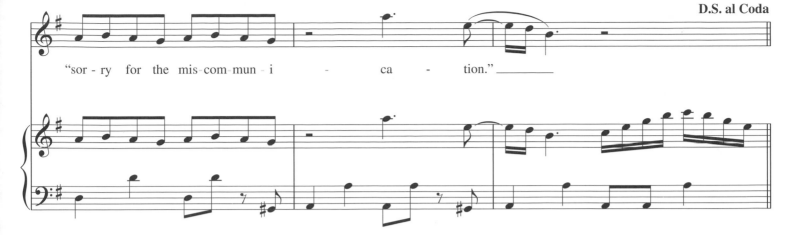

"sor - ry for the mis-com-mun - i - ca - tion." _____

CODA
C   Em   D

call I'll nev- er get. Next time ___ I see ___ you,

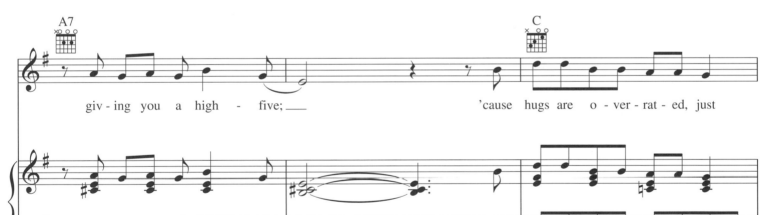

A7   C

giv- ing you a high - five; ___   'cause hugs are o - ver - rat - ed, just

D   N.C.

F. Y. I. ___   Ooh,   this is an S. O. ___ S. ___ Don't wan - na

HOLD ON

Words and Music by NICHOLAS JONAS,
JOSEPH JONAS and KEVIN JONAS II

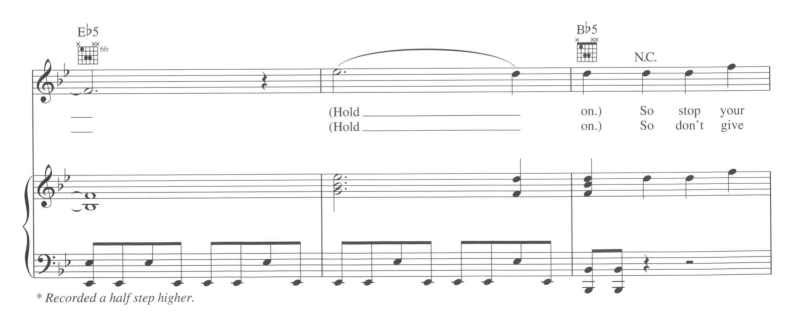

Recorded a half step higher.

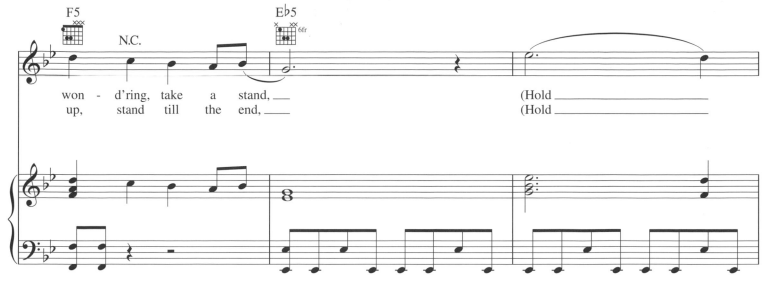

won - d'ring, take a stand, ___ (Hold _____
up, stand till the end, ___ (Hold _____

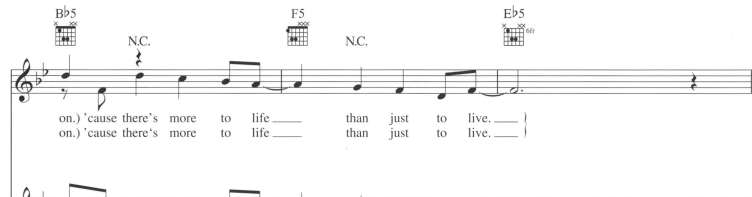

on.) 'cause there's more to life ___ than just to live. ___
on.) 'cause there's more to life ___ than just to live. ___

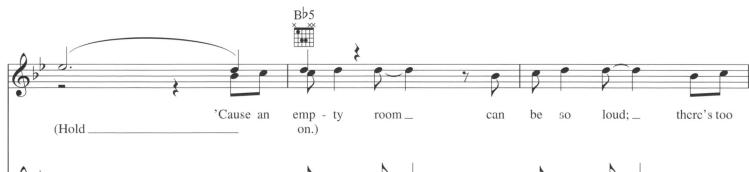

'Cause an emp - ty room ___ can be so loud; ___ there's too
(Hold _____ on.)

man-y tears ___ to drown them out, ___ so hold on, _____

(Hold on,) ___ hold on. _____ (hold on.) _____

(hold on.) _____ When you love some-one ___ and they break your heart, _ don't give

up on love; _ have faith, re - start. _ Just hold on, _____

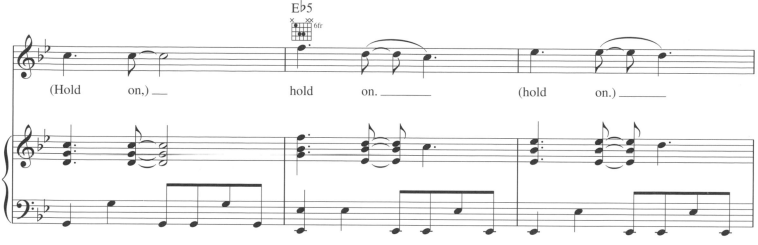

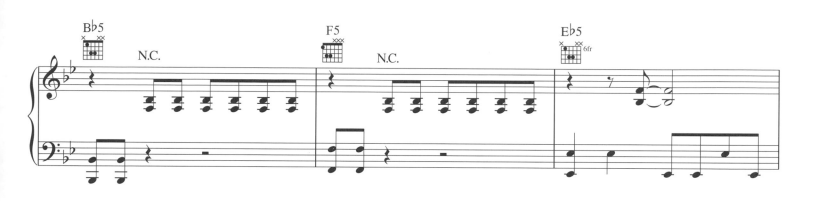

(Hold on,) ___ hold on. _____ (hold on.) _____

When it falls a - part, ___ and you're feel - ing lost, ___ all your ___

___ hope is gone, ___ don't for - get ___ to hold on; _____

hold on. _____ 'Cause an

emp-ty room _ can be so loud; _ there's too man-y tears _ to

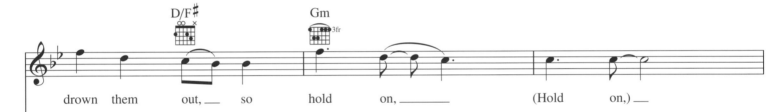

drown them out, _ so hold on, _____ (Hold on,) _

hold on. _____ (hold on.) _ When you love some-one _ and they

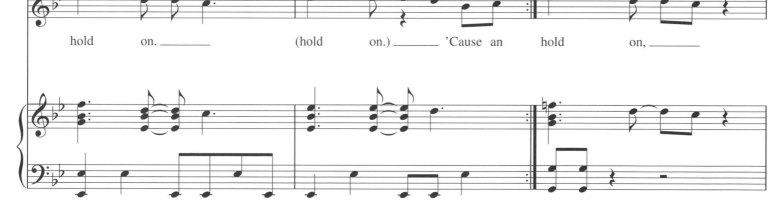

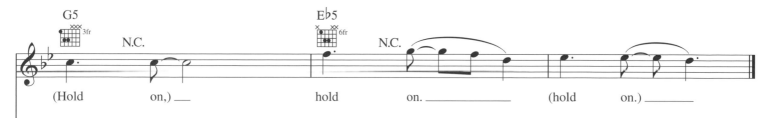

GOODNIGHT AND GOODBYE

Words and Music by NICHOLAS JONAS,
JOSEPH JONAS and KEVIN JONAS II

Dm

up your eyes, girl, and see how won - der - ful this ___
to you and all and your games, how and all your cra - zy ___

C   Bdim

___ love   could   be. ___
___ friends;   this   is   the   end. ⎰

E   F   E

Hold   on ___   tight; ___   it's a roll -

Am   F

- er coast - er ride ___ we're on, ___ so say good -

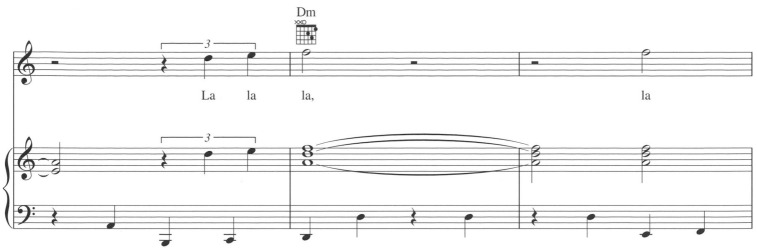

La la la,   la

la,   la la la la.

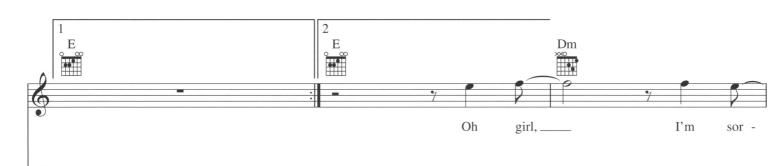

Oh girl, _____   I'm sor -

- ry for _____   dis - ap - point - ing you, _____   but I'm done _____

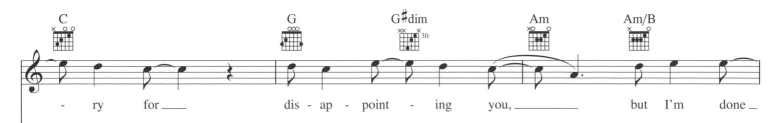

with be - ing up and down and

pushed a - round. (No more!)___ Hold on___

tight;___ it's a roll - er coast - er ride___ we're on,___ so

say good - bye,___ 'cause I won't___ be back___ a - gain.___

THAT'S JUST THE WAY WE ROLL

Words and Music by NICHOLAS JONAS,
JOSEPH JONAS, KEVIN JONAS II and BLEU

we get a lit-tle cra-zy; and I know __ we get a lit-tle

loud; __ and I know __ we're nev-er gon-na fake it. We are wild, __

__ we are free, __ we are more __ than you think; so call __ us freaks, __ but that's __

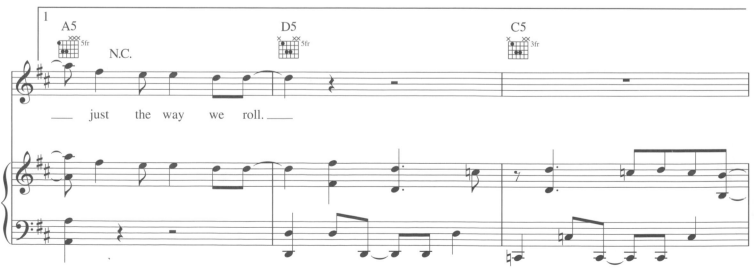

__ just the way we roll. __

loud; __ and I know __ we're nev - er gon - na fake it. We are wild, __

__ we are free, __ we are more __ than you think; so call __ us freaks, __ but that's __

__ just the way we roll. __ And I know __ we get a lit - tle cra - zy; and I know __

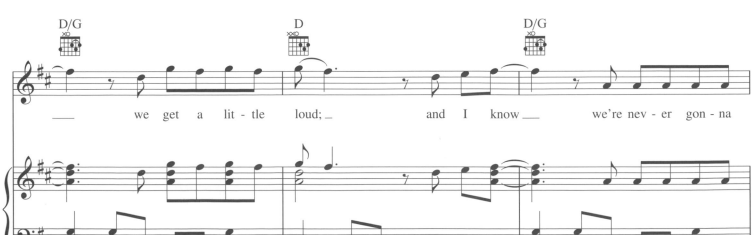

__ we get a lit - tle loud; __ and I know __ we're nev - er gon - na

HELLO BEAUTIFUL

Words and Music by NICHOLAS JONAS,
JOSEPH JONAS and KEVIN JONAS II

Hel - lo, Beau-

- ti - ful; _____ how's it go - ing? I hear it's won -
- ti - ful; _____ it's been a long _____ time since my phone's _

- der - ful _____ in Cal - i - for - nia. I've been miss -
_____ rung _____ and you've been on _____ that line. _____ I've been miss-

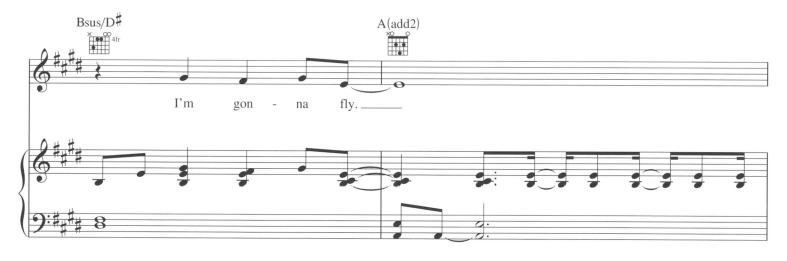

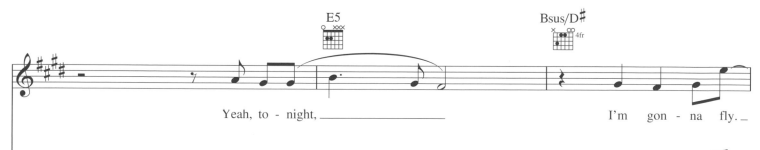

STILL IN LOVE WITH YOU

Words and Music by NICHOLAS JONAS,
JOSEPH JONAS and KEVIN JONAS II

Bright Shuffle

She was all _____ I ev - er want - _____ - un - der _____ the sun; _____

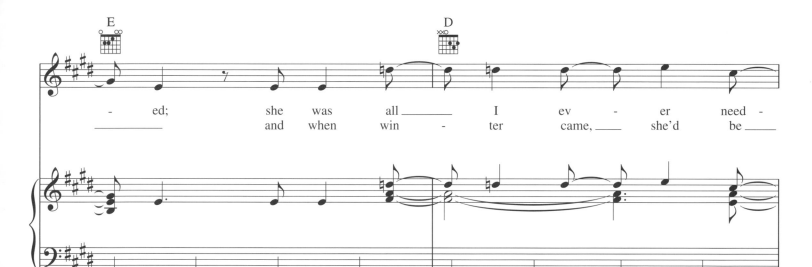

- ed; she was all _____ I ev - er need be _____
and when win - ter came, _____ she'd be _____

- ed and more. _____ But she walked out _____
_____ my _____ an - gel. We were so _____

my ___ door; _____ yeah, she went ___ a - way, ___
in ___ love; _____ then she went ___ a - way, ___

left my heart ___ in two, _____ left me stand - ing here ___
left my heart ___ in two, _____ left me stand - ing here ___

___ sing - ing all ___ these blues. ___ }
___ sing - ing all ___ these blues. ___ }

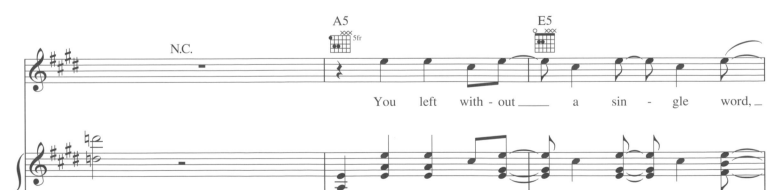

You left with - out ___ a sin - gle word, ___

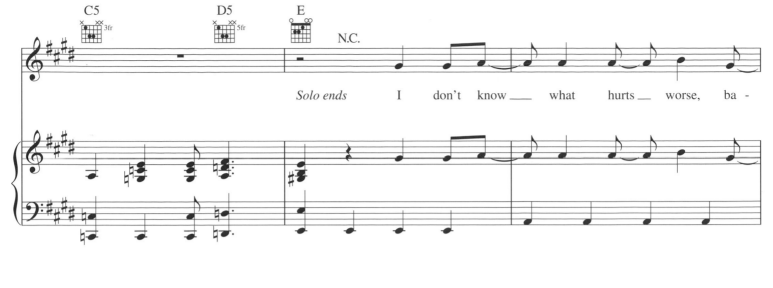

Solo ends I don't know ___ what hurts ___ worse, ba -

- by, see-ing you ___ with him, ___ or be - ing a - lone ___

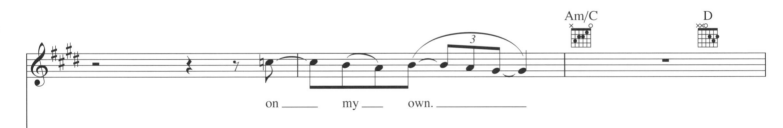

on ___ my ___ own. ___

I know he does - n't love ___ you, ba - by, not

AUSTRALIA

Words and Music by NICHOLAS JONAS,
JOSEPH JONAS and KEVIN JONAS II

Fast Rock

With pedal

You nev-er lis-ten to me;
You were the one I thought I

I know I'm bet-ter off a-lone. ___ Ev-'ry-bod-
need-ed; I'm bet-ter off a-lone. ___ Ev-'ry-bod-

-y knows ___ it's true. ___ Yeah, we all see through you.
-y knows ___ it's true, ___ and they know all your se - crets.

heart, 'cause I know ____ she'll be ____

from Aus - tral - i - a. ____ She is so ____ beau - ti - ful; ____

____ she's my dream girl. ____ La la la, ____

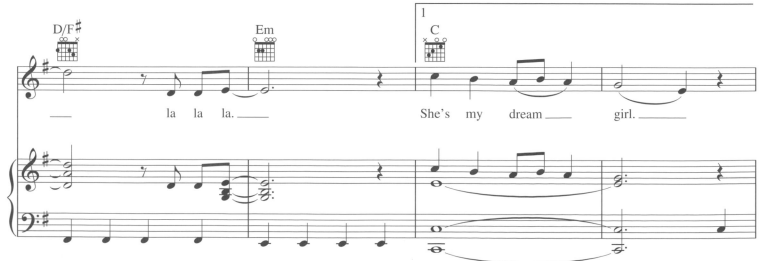

____ la la la. ____ She's my dream ____ girl. ____

42

Solo ends So I'll wait ___ for her ___

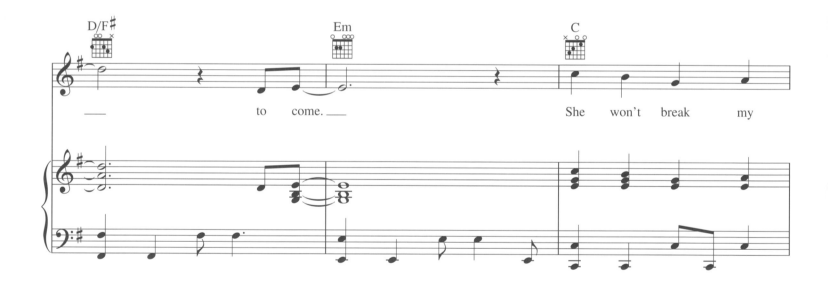

to come. ___ She won't break my

heart, 'cause I know ___ she'll be ___

from Aus- tral - i - a._____ She is so_____ beau- ti - ful;__

_____ she's my dream girl._____ La la la,__

__ la la la._____ She's my dream_____

girl. Dream girl. (Ooh_____ ah.)

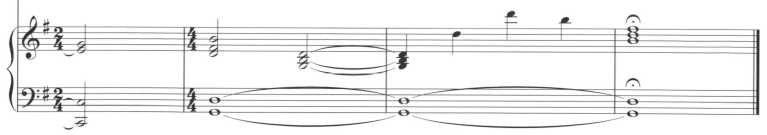

GAMES

Words and Music by NICHOLAS JONAS,
JOSEPH JONAS, KEVIN JONAS II, JOHN TAYLOR,
GREG GARBOWSKY and ALEX NOYES

Fast Rock

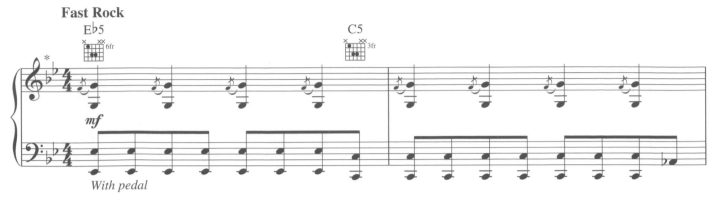

With pedal

I'm wait-ing for ____ you right ____ out - side, ____
The last time that ____ I left ____ these steps ____

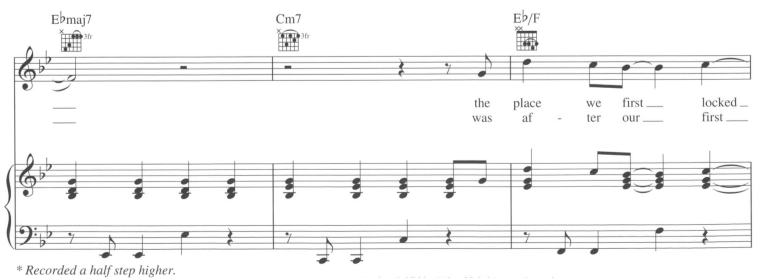

____ the place we first ____ locked ____
____ was af - ter our ____ first ____

* *Recorded a half step higher.*

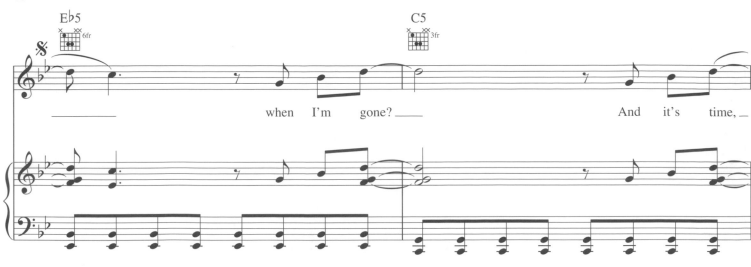

when I'm gone? _____ And it's time, _

_____ and I've real - ly had _ e - nough. And I'm sor -

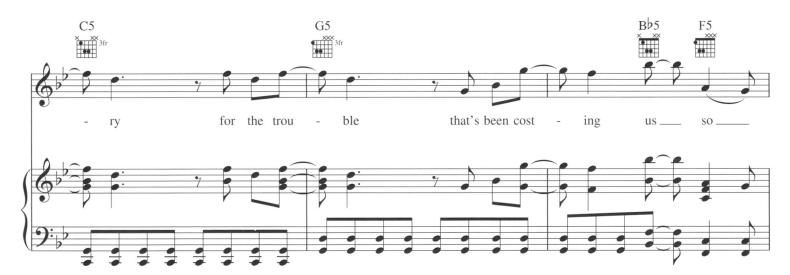

- ry for the trou - ble that's been cost - ing us _ so _____

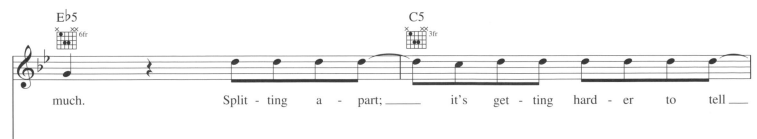

much. Split - ting a - part; _____ it's get - ting hard - er to tell _____

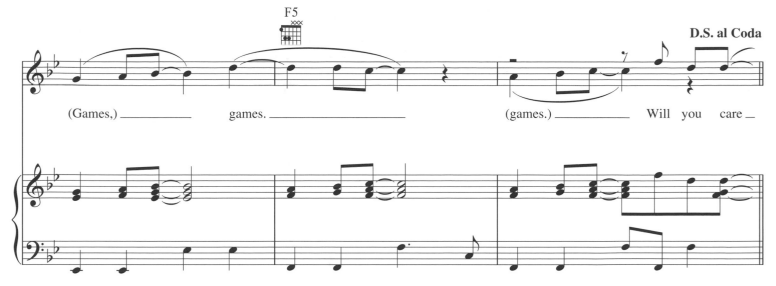

WHEN YOU LOOK ME IN THE EYES

Words and Music by NICHOLAS JONAS,
JOSEPH JONAS, KEVIN JONAS II, KEVIN JONAS SR.,
RAYMOND BOYD and PJ BIANCO

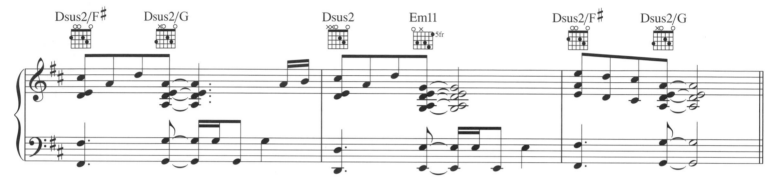

If the heart is al - ways search - ing, can you ev - er find a home?
How long will I be wait - ing to be with you a - gain?

I've been look - ing for that some - one; I'll nev - er make it on my own.
I'm gon - na tell you that I love you in the best way that I can.

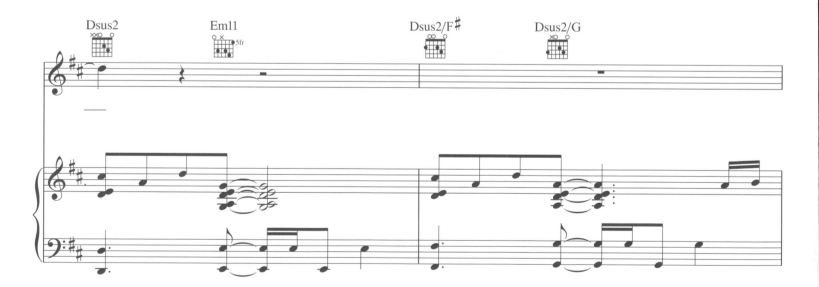

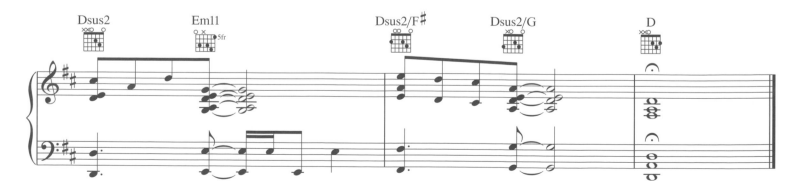

INSEPARABLE

Words and Music by NICHOLAS JONAS,
JOSEPH JONAS, KEVIN JONAS II and JOSHUA MILLER

Very fast Rock

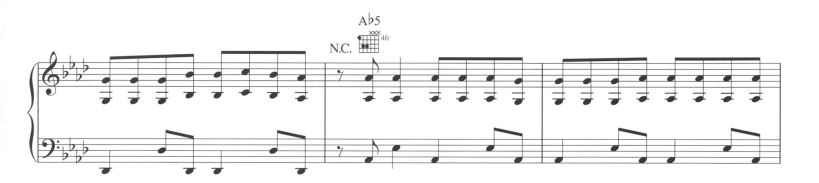

Take my hand __ to - night. ___
-er
We can run __ so __
if you want - ed __

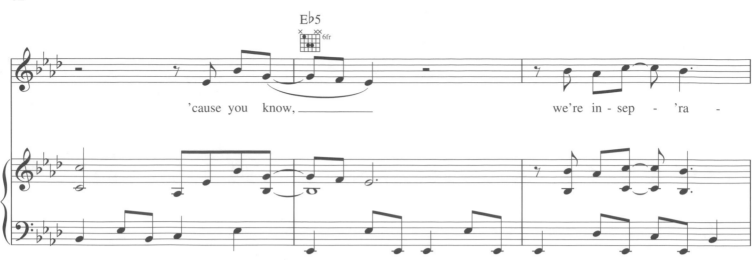

'cause you know, _____ we're in-sep-'ra-

ble. _____

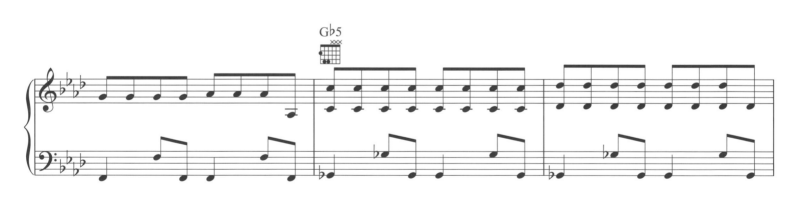

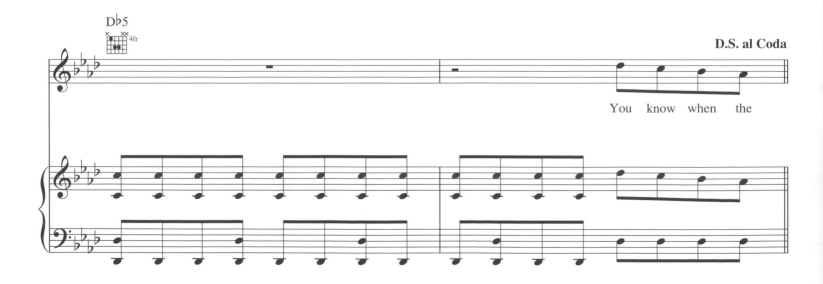

D.S. al Coda

You know when the

I know ___ we're in - sep ___ - 'ra - ble. ___

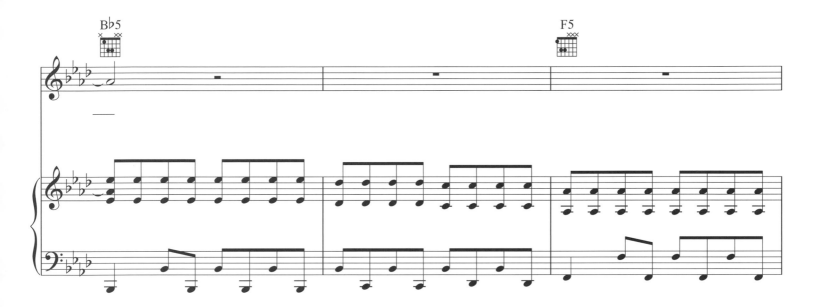

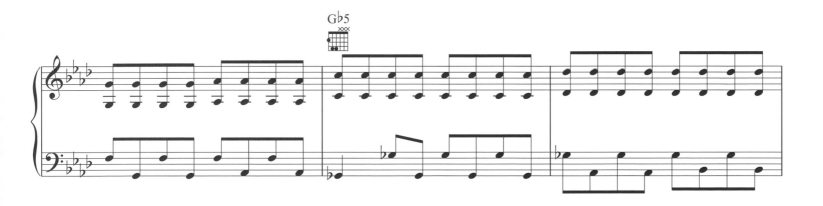

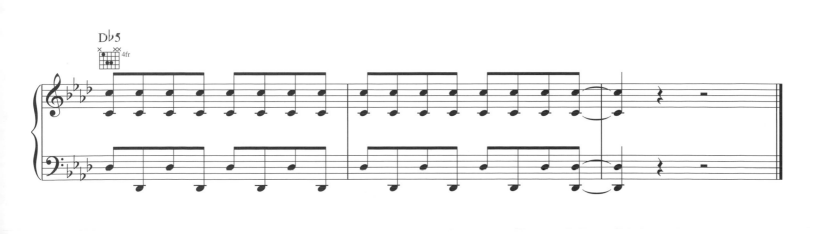

JUST FRIENDS

Words and Music by NICHOLAS JONAS,
JOSEPH JONAS and KEVIN JONAS II

There she goes __ a - gain, __ the

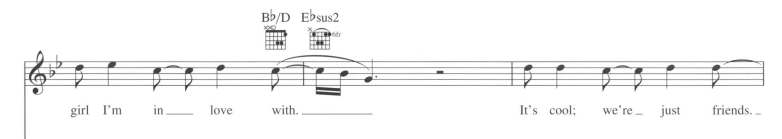

girl I'm in __ love with. __ It's cool; we're __ just friends. __

__ We walk the halls __ at school; __ we

to be: ___ fall - ing in love, __ just you ___ and me, __ till the end ___

___ of time, __ till I'm on ___ her mind. __ It - 'll hap - pen. __

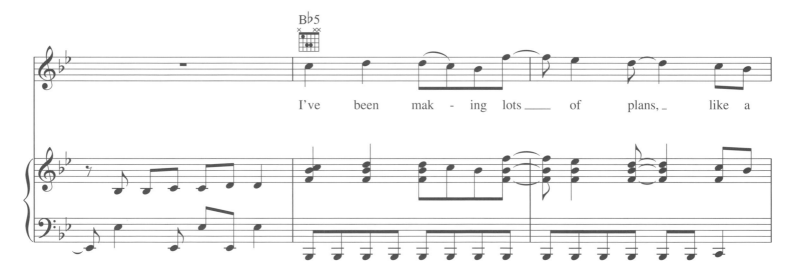

I've been mak - ing lots ___ of plans, _ like a

pick - et fence ___ and a rose ___ gar - den. ___ I'll just keep __

we'd talk and talk __ all day. __ Yeah. __

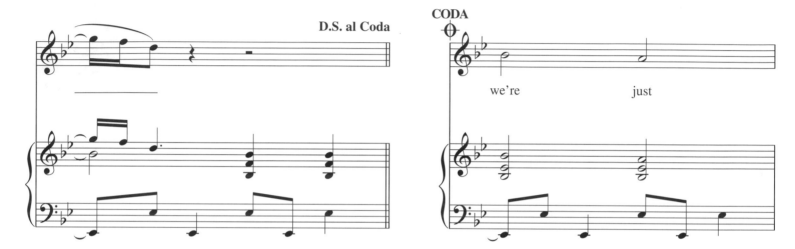

D.S. al Coda

CODA

__ we're just

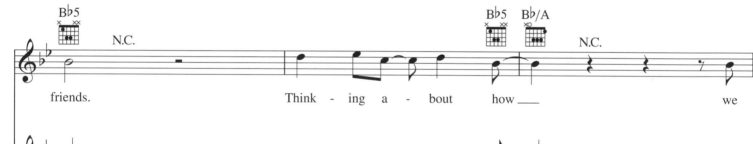

friends.

Think - ing a - bout how ___ we

go to say __ our vows. __

It's cool; we're __ just friends. __

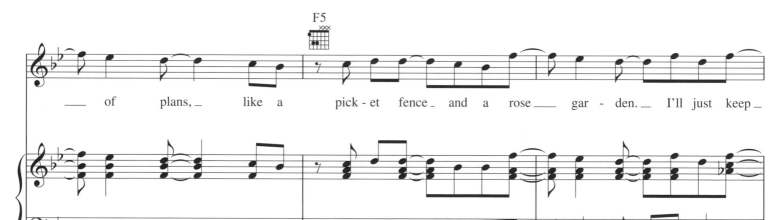

HOLLYWOOD

Words and Music by NICHOLAS JONAS,
JOSEPH JONAS, KEVIN JONAS II and JOHN FIELDS

head - lines; street _____ signs say - ing you're
head - lines; prime - time say - ing,

go - ing the wrong _____ way; fad - ing
"What a sto - ry!" Bill - boards, packed _____ tours.

Bᵇmaj7   C5

fast - er ___ now. _____ }
Don't for - get: _____ }
You can try to break us and make _

F5

___ us fall a - part, _____ but the fi - re's in ___ our hearts. _

field, we won.

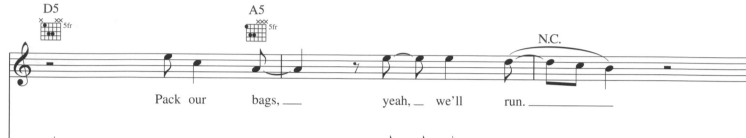

D5   A5

Pack our bags, ___ yeah, ___ we'll run. ___

D5   A5

Hol - ly - wood, ___ here ___ we come. ___

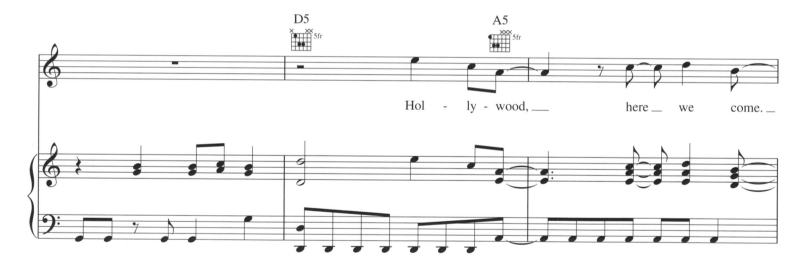

G5   C

You can try to break us and make ___

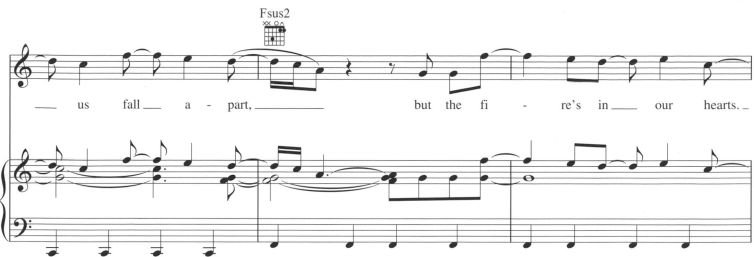

us fall __ a - part, _____ but the fi - re's in __ our hearts. __

Rem - i - nisce on __ mem-'ries, 'cause __ we're gone. _____ Don't __

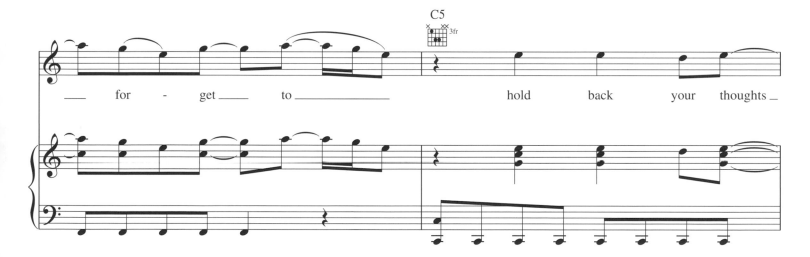

__ for - get __ to _____ hold back your thoughts __

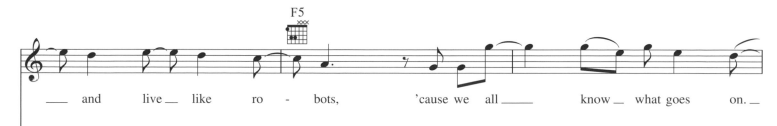

__ and live __ like ro - bots, 'cause we all _____ know __ what goes on. __

YEAR 3000

Words and Music by STEPHEN PAUL ROBSON,
JAMES BOURNE, MATTHEW JAY,
CHARLIE SIMPSON and FLETCHER

Moderately fast

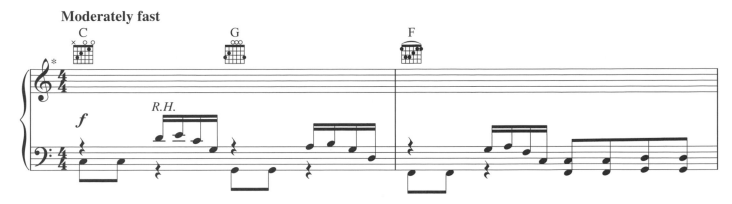

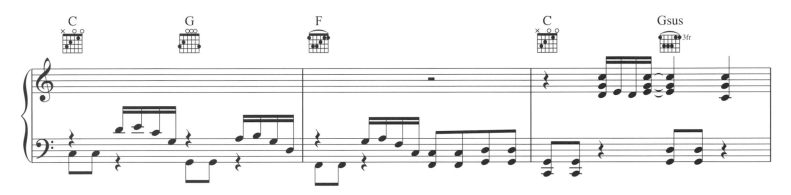

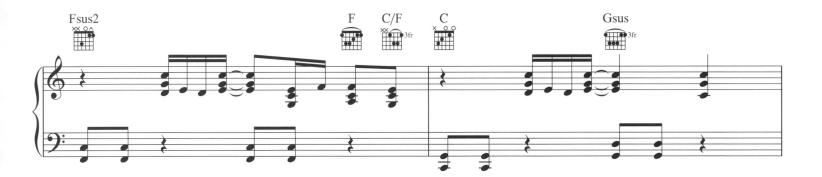

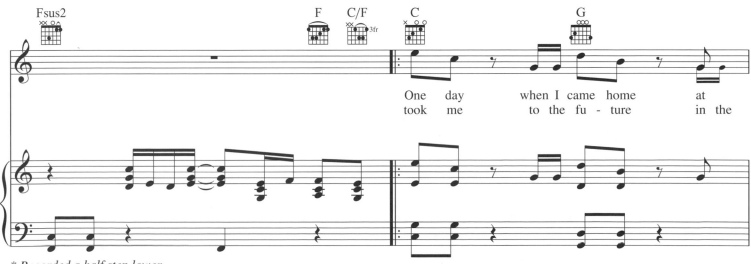

One day   when I came home   at
took me   to the fu - ture   in the

* *Recorded a half step lower.*

I took a trip to the year three thou - sand: this song had gone mul - ti - plat - 'num.

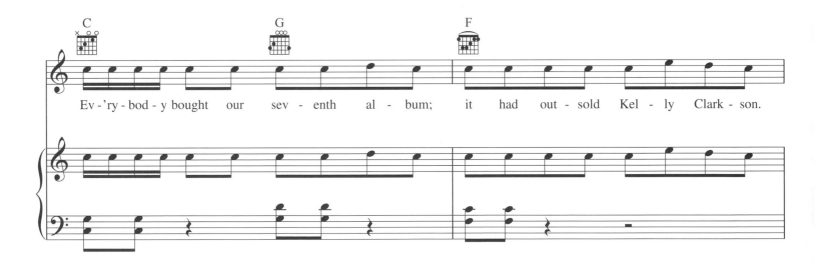

Ev - 'ry - bod - y bought our sev - enth al - bum; it had out - sold Kel - ly Clark - son.

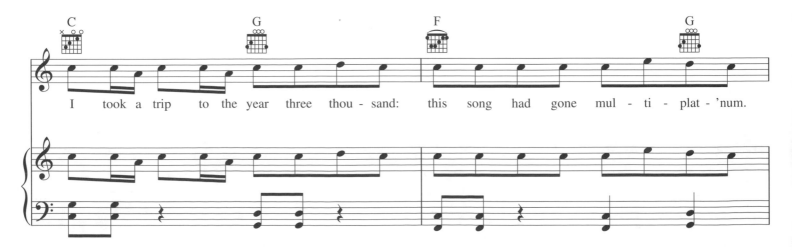

I took a trip to the year three thou - sand: this song had gone mul - ti - plat - 'num.

KIDS OF THE FUTURE

Words and Music by MARTY WILDE
and RICKY WILDE

Moderately fast

We're the kids, we're the kids, we're the kids of the

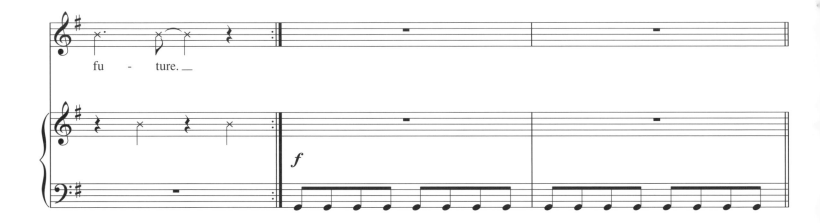

fu - ture.

Stand-ing on a dirt - y old roof - top, down be - low, the cars

_____ in this cit - y go rush-ing by.   I

sit here ___ a - lone and ___ I won-der why.

Come on, Lew - is, keep ___ mov - ing for - ward.

Hold your head up high; ___ there's no time for look - ing down.

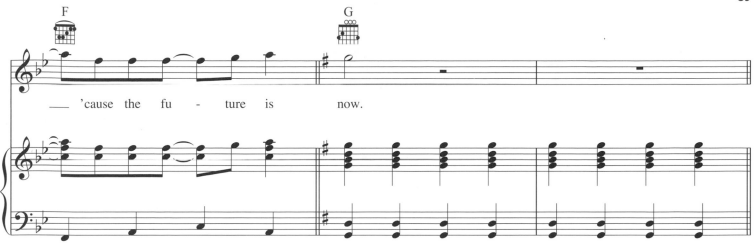

__ 'cause the fu - ture is now.

Bright lights, boy, ____ look a - round you.
Ev - 'ry day we have fun, _____ me and Wil - bur.

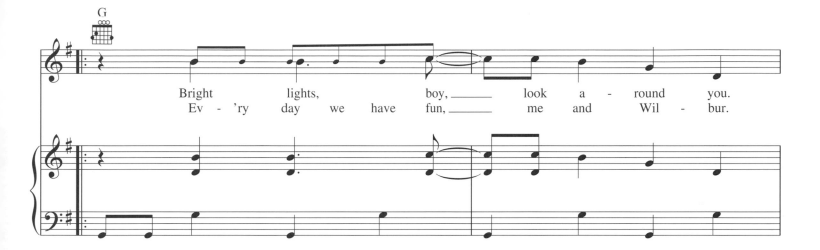

Your i - mag - i - na - tion is work - ing
So hap - py to be _____ here with the

o - ver - time. The world that __ you
Ro - bin - sons. I fi - nal - ly

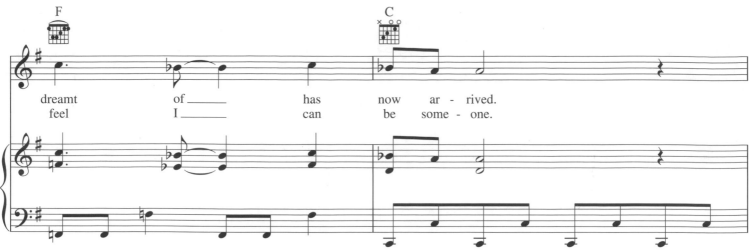

dreamt of _____ has now ar - rived.
feel I _____ can be some - one.

Hot - shot, the great -
Out - side a new _____

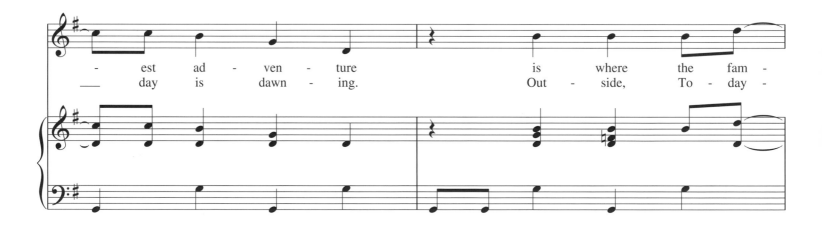

- est ad - ven - ture is where the fam -
_____ day is dawn - ing. Out - side, To - day -

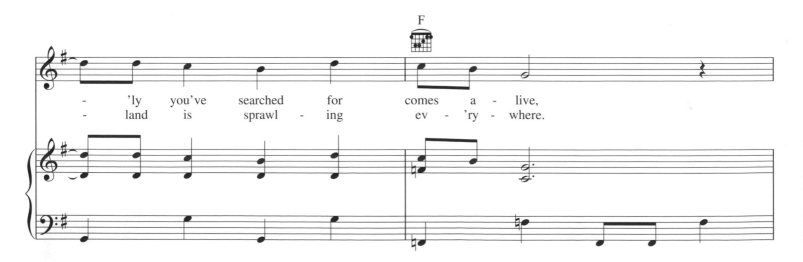

- 'ly you've searched for comes a - live,
- land is sprawl - ing ev - 'ry - where.

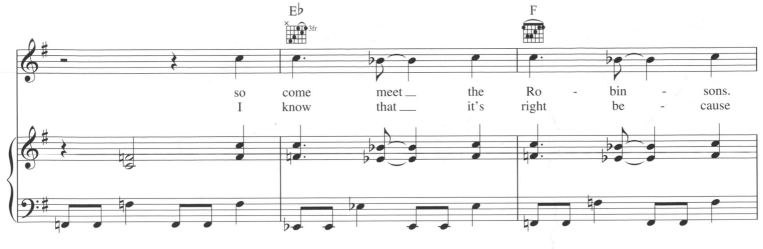

so come meet __ the Ro - bin - sons.
I know that __ it's right be - cause

Look - ing for a place __ you be - long to,
we'll __ save the fu - ture to - geth - er.

look - ing for the fam -
This __ fam - i - ly __

- 'ly that wants you. }
__ is for - ev - er. }

We're the kids of the fu - ture. __ (Whoa, oh.) _

__ We're the kids of the fu - ture. __ (Whoa, oh.) ___ Ev - 'ry - bod - y live, _

'cause the fu - ture is now. Na, na, na, na, na, na, na.

Na, na, na, na, na, na. Na, na, na,

na, na, na, na. (Sing!) Na, na, na, na, na, na.

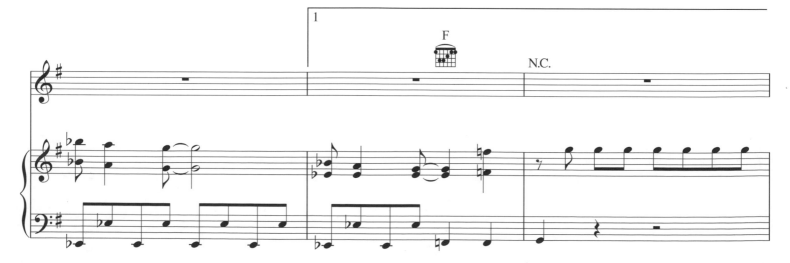